FWI APETISAN POU BAY VANT KONTANTMAN LIV KOLORYAJ

5Ms Publishing
Palm Beach, FL
www.fivemspublishing.com

5MS PUBLISHING
Moun ki gen tout dwa sou tèks yo
© 2024 Jeanne Fortune

Jeanne Fortune ak fanmi Monties
Ilistrasyon: Venura Bertholomeusz
Konsepsyon: Md Nur Rahman Sakib

I0559478

Pòm

Abriko

Kachiman kanèl koupe

Kachiman kanèl

Zaboka koupe

Zaboka

Fig Kale

Fig

Mi

Mitil

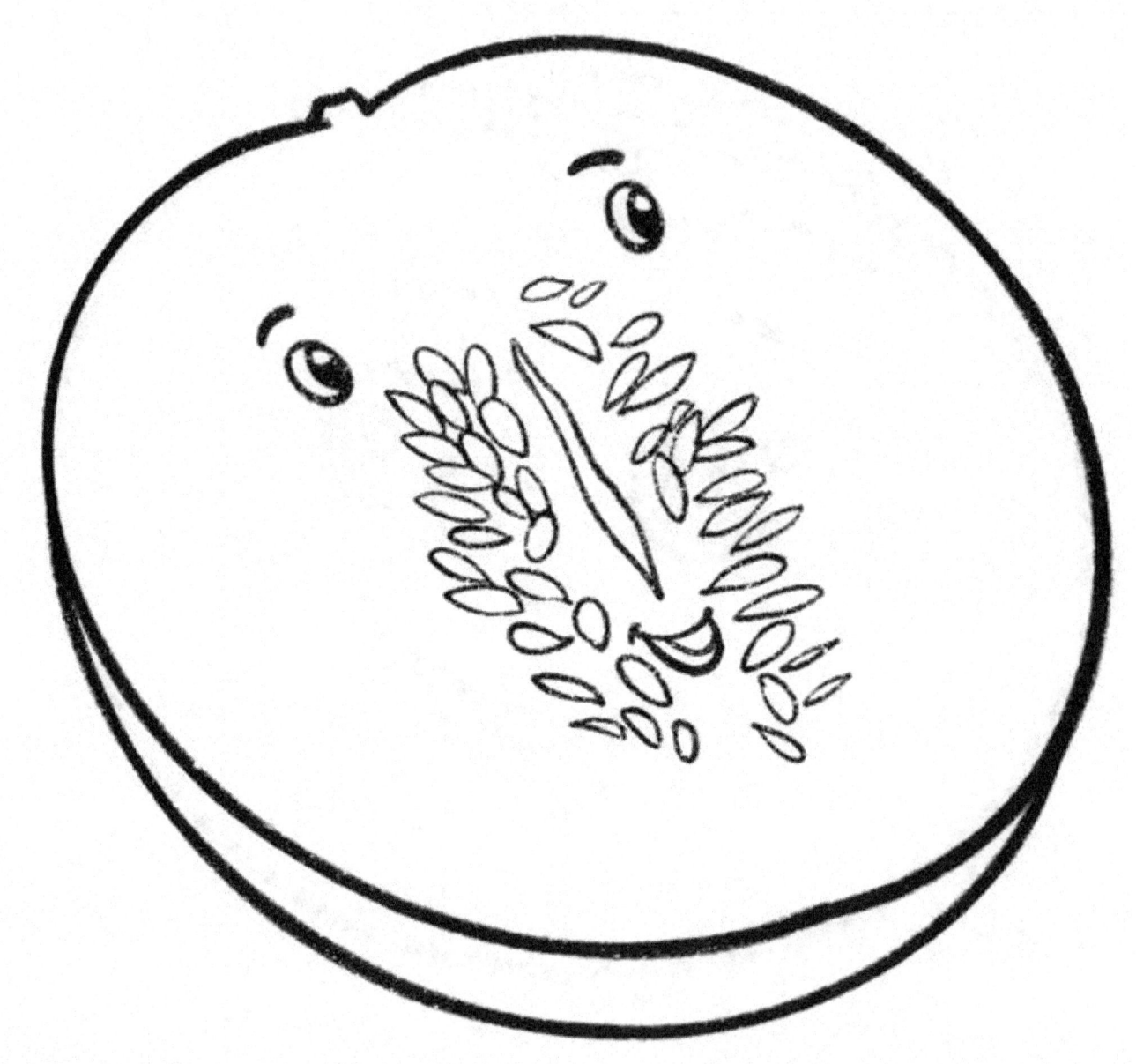

Melon Frans koupe

Melon Frans

Kachiman kè bèf

Seriz

Krannberi oswa
Kannbèj

Dragon Fruit nan lang Anglèz

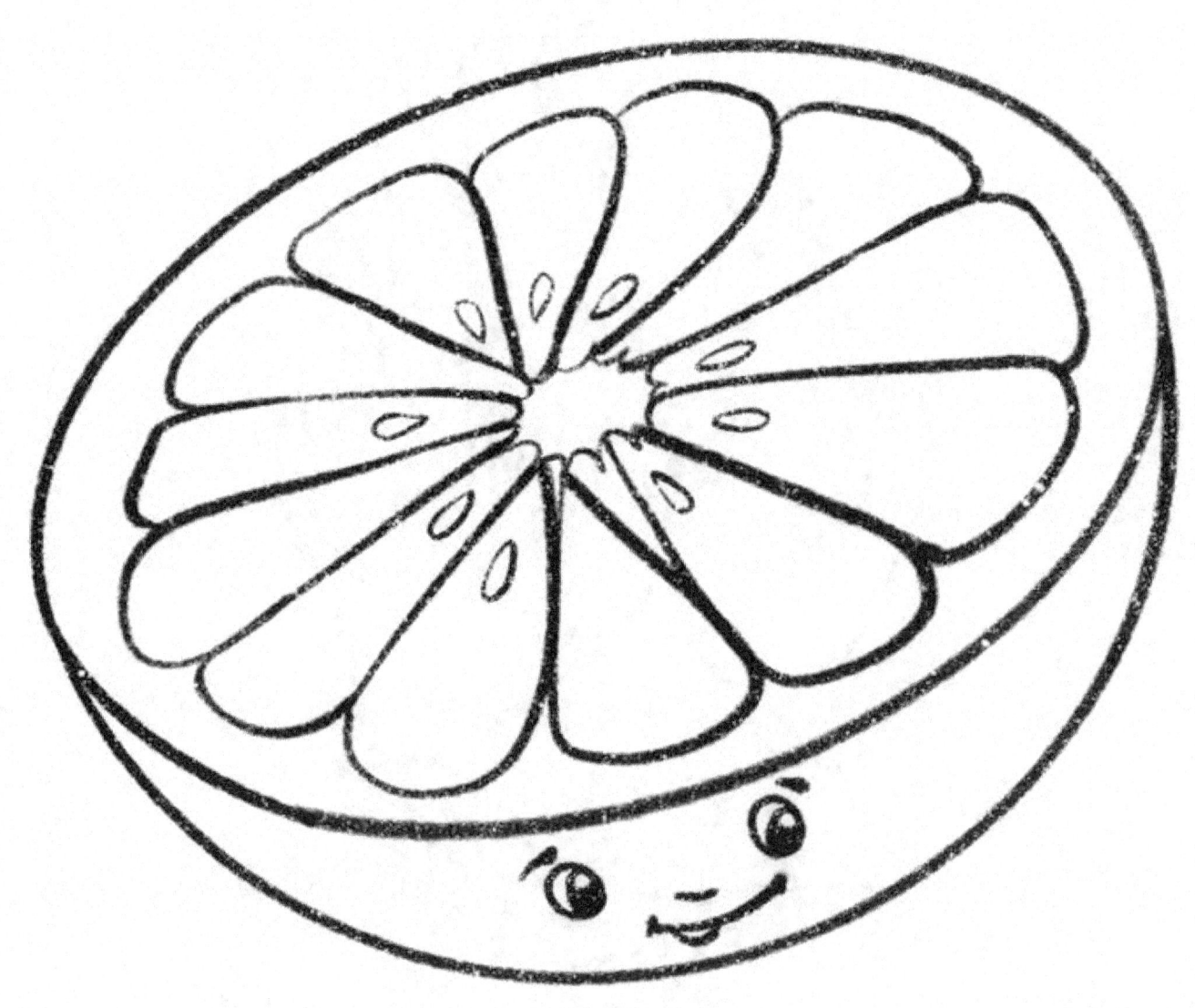

Chadèk koupe

Chadèk

Rezen

Gwayav koupe

Gwayav

Melon Myèl koupe

Melon Myèl

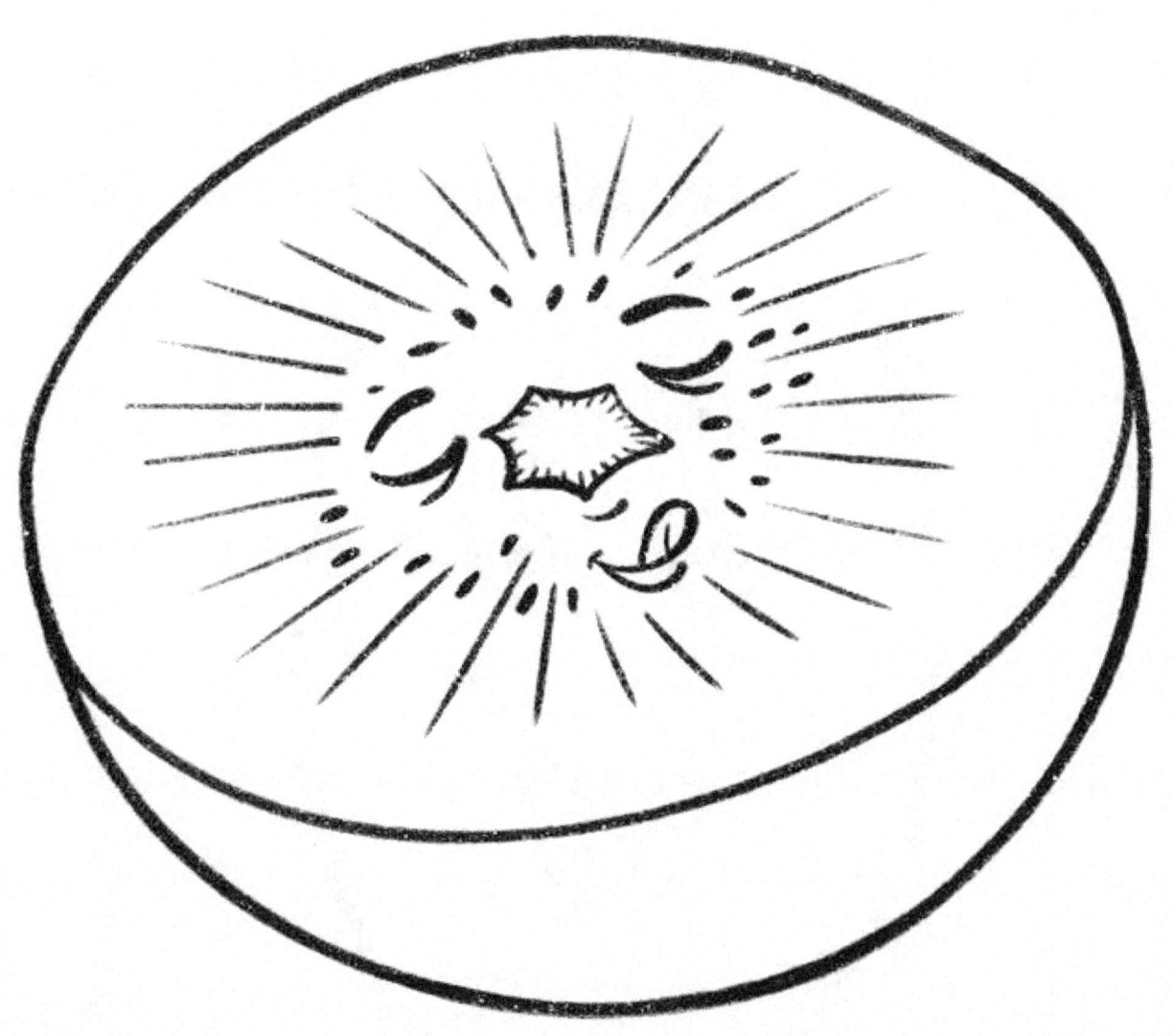

Kiwi koupe

Kiwi

Sitwon koupe

Sitwon

Sitwon vèt koupe

Sitwon Vèt

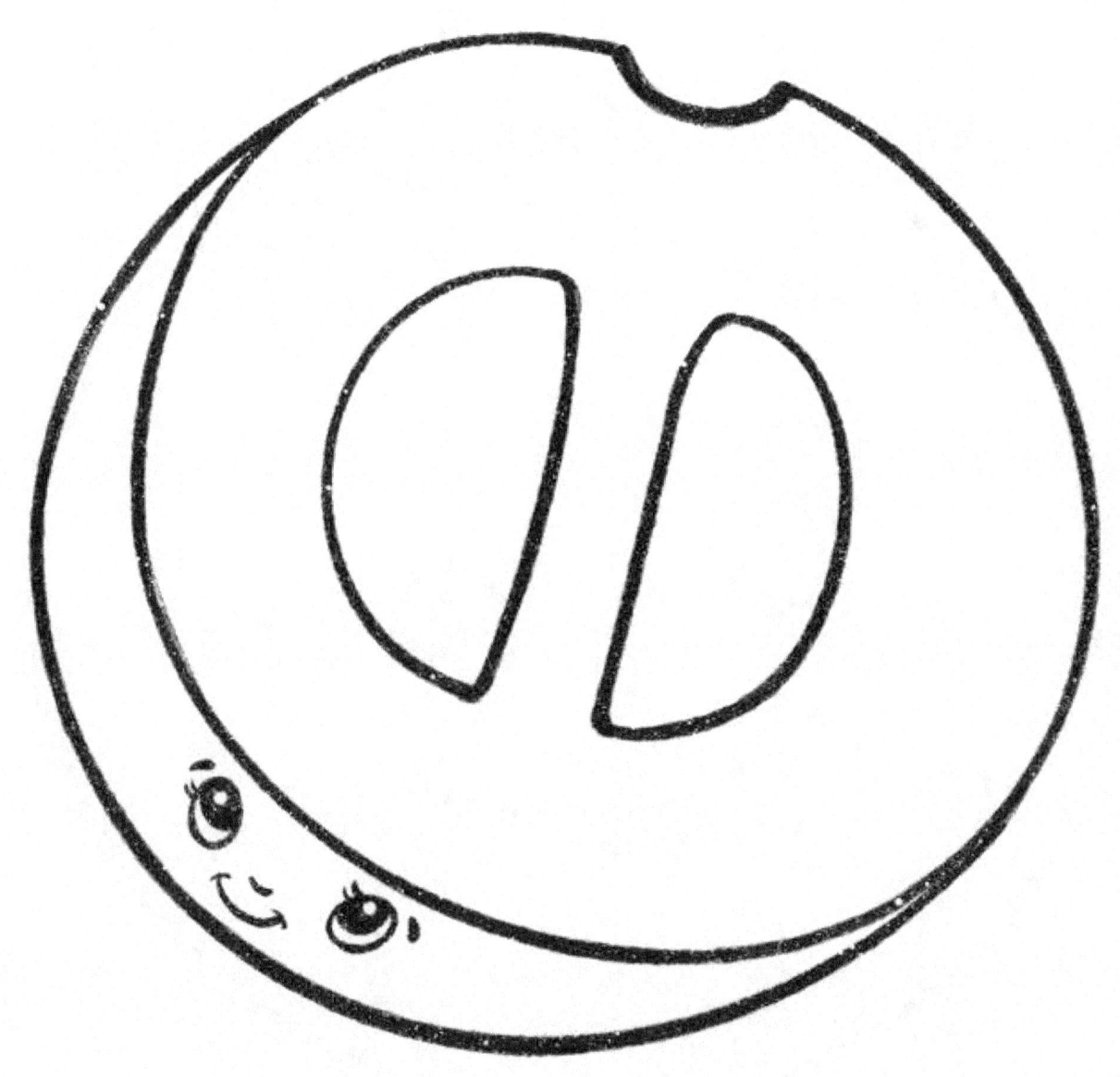

Zabriko koupe

Zabriko

Mandaren

Mandaren kale

Mango

Nektarin

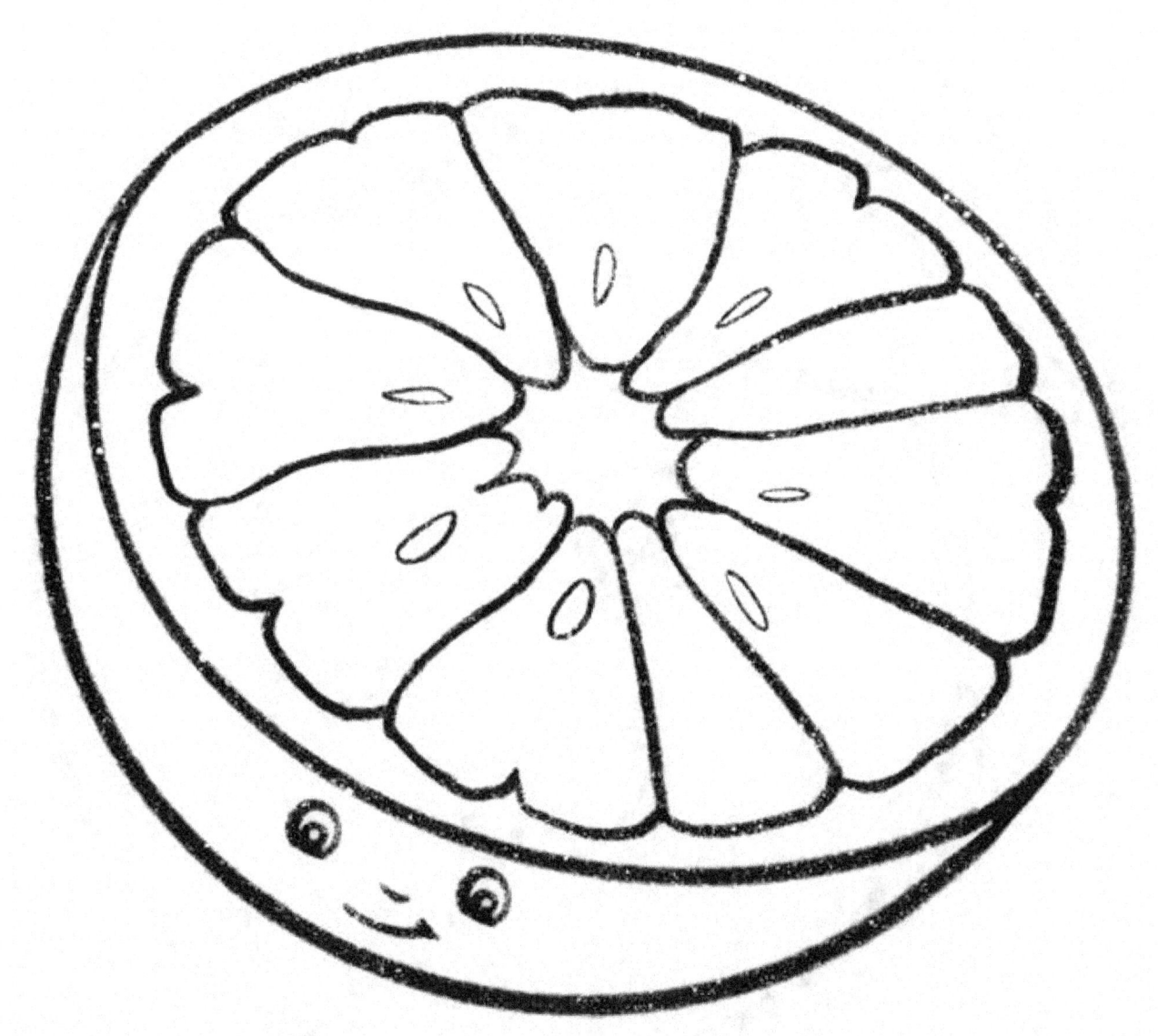

Zoranj koupe

Zoranj

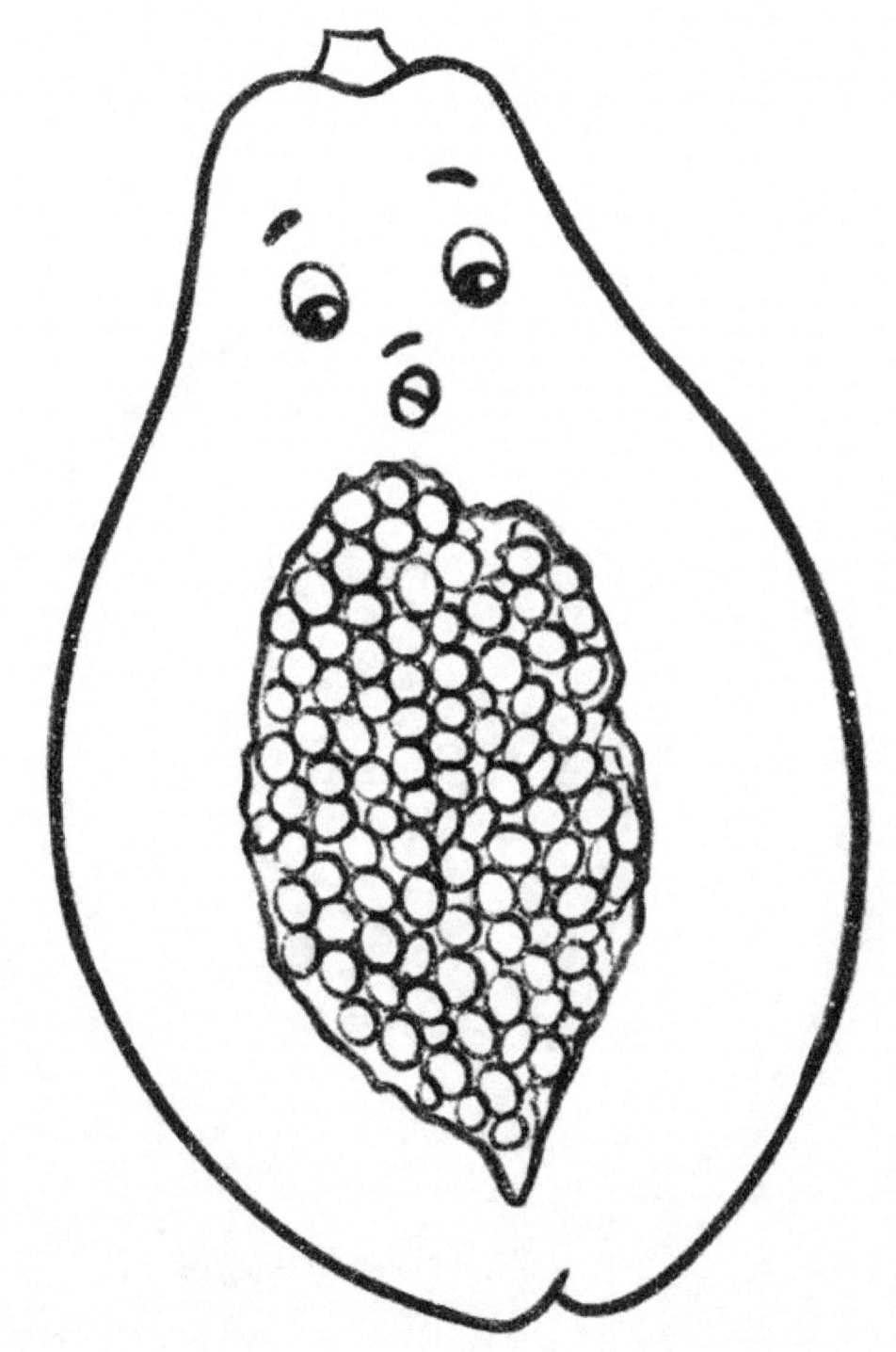

Papay koupe

Papay

Grenadja (Grenadya) koupe

Grenadya

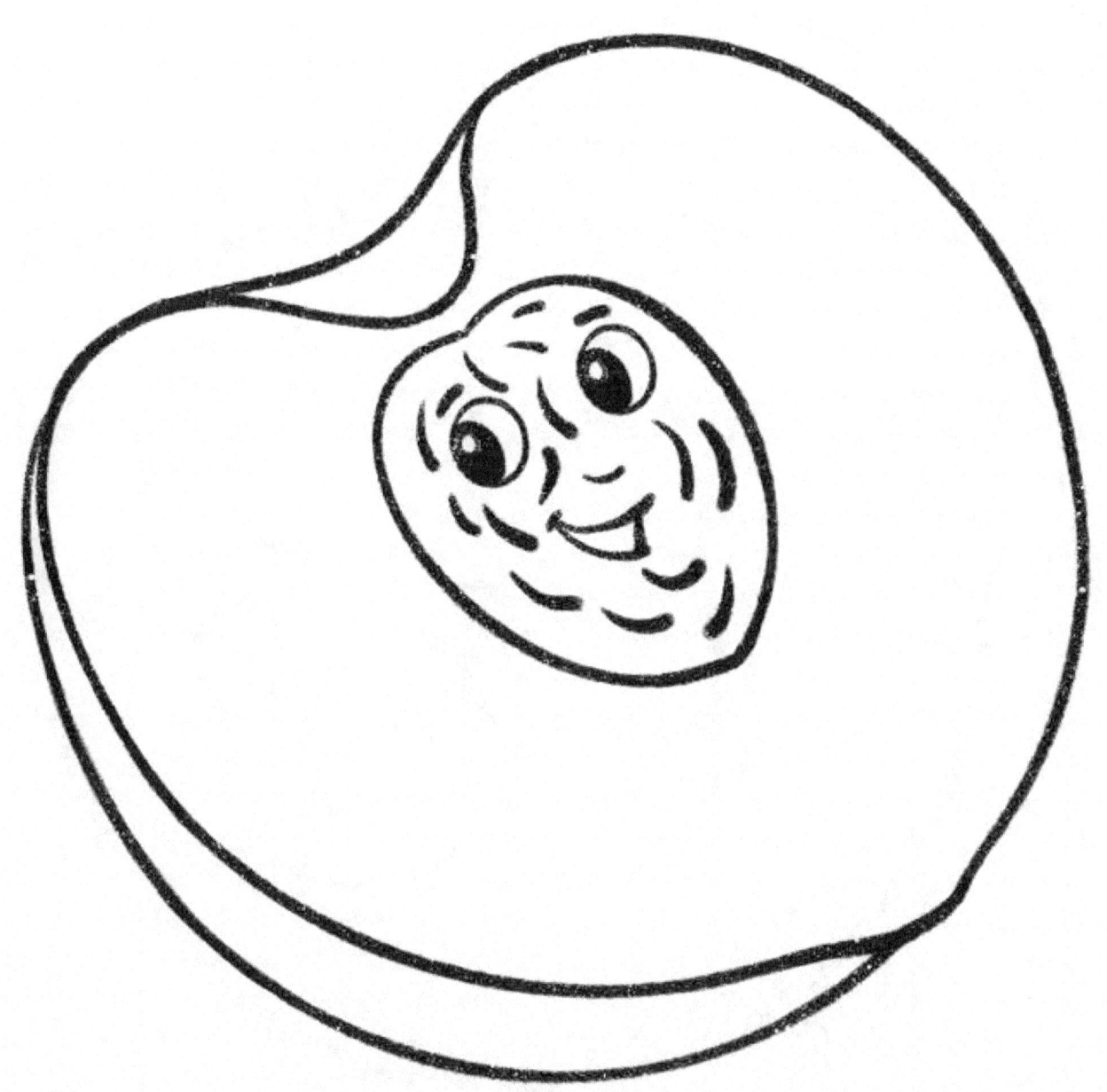

Pèch koupe

Pèch

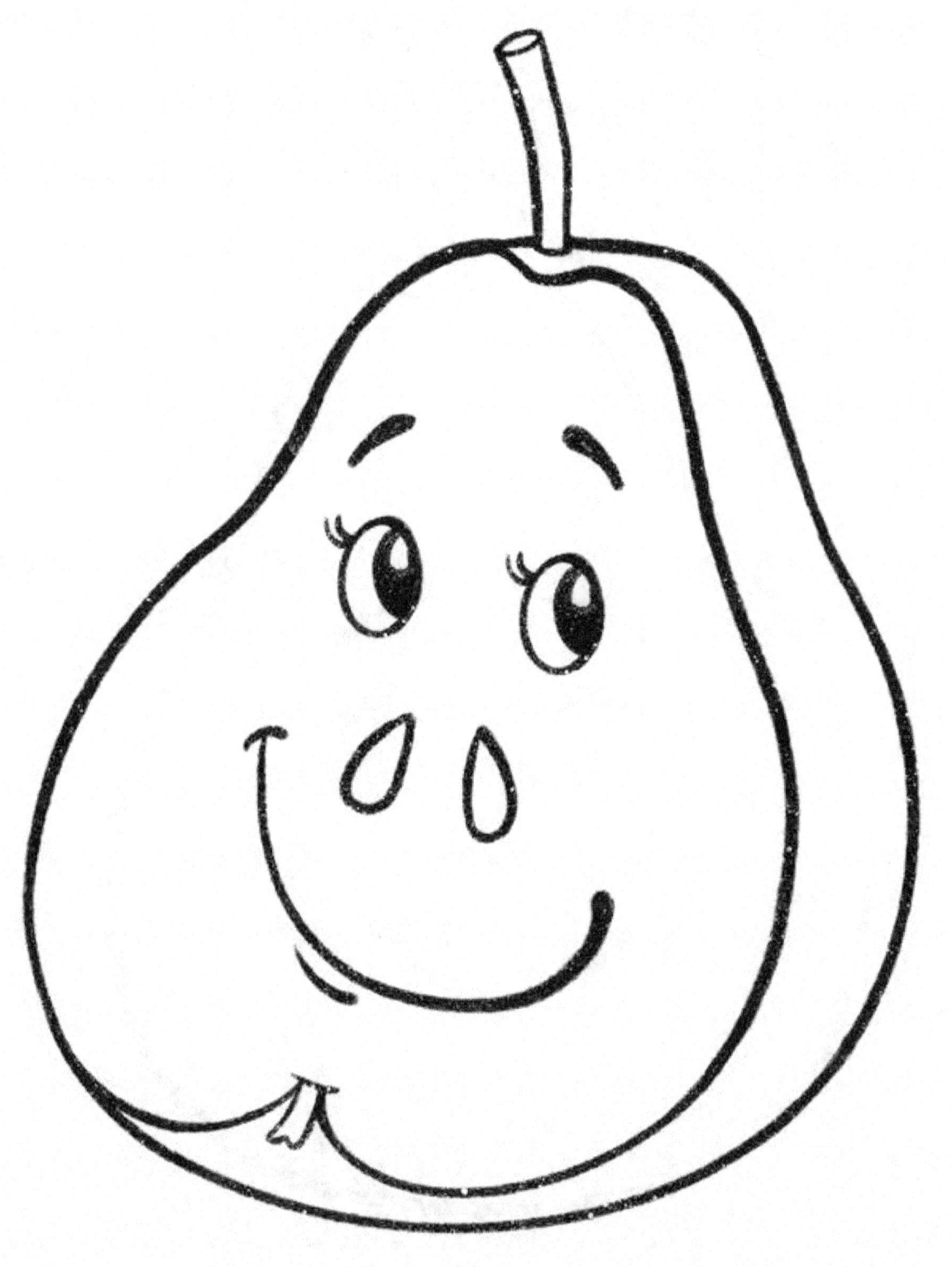

Pwa koupe

Pwa

Kaki nan lang Franse

Anana

Prin koupe

Prin

Grenad koupe

Grenad

Franbwaz

Kowosòl koupe

Kowosòl

Frèz

Tomat

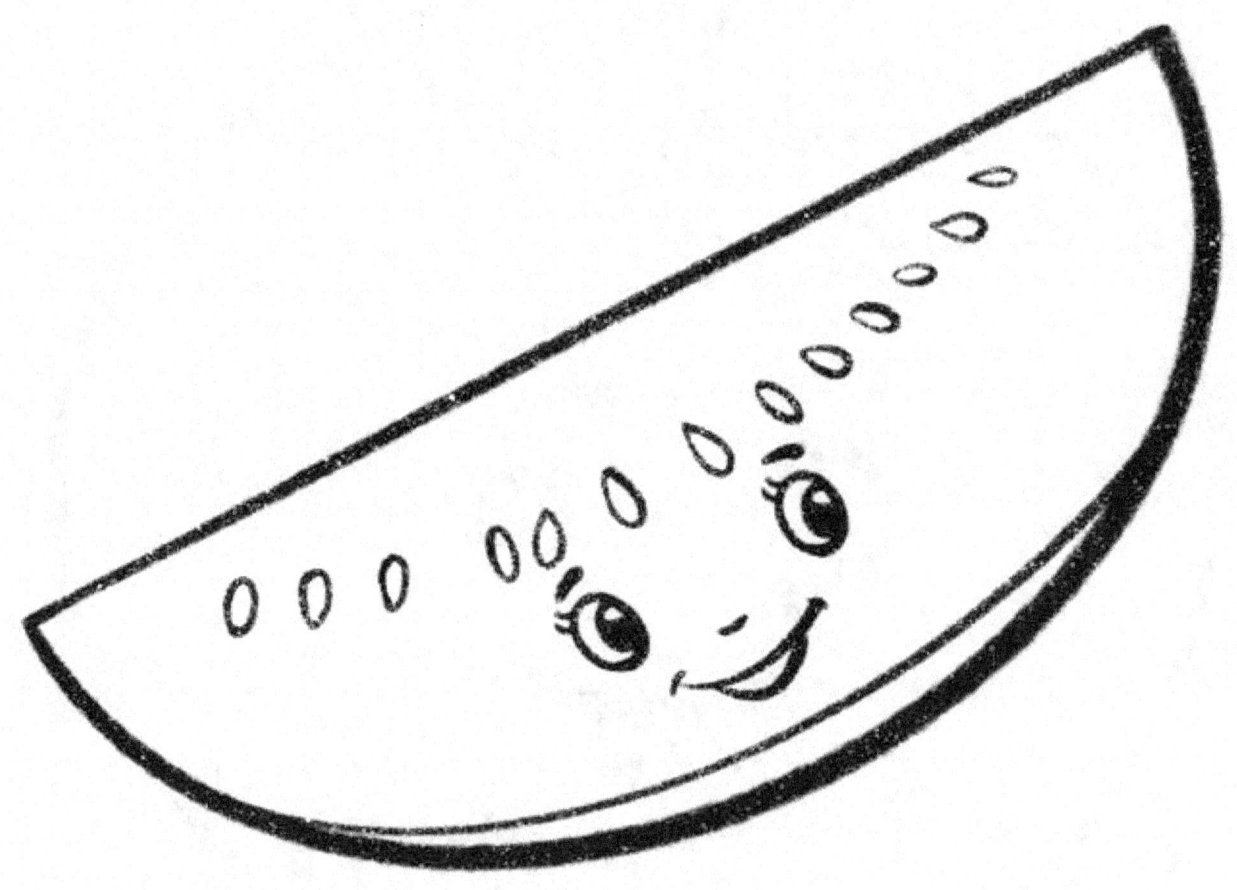

Melon koupe

Melon

Nou genyen yon lòt liv ki disponib pou ede timoun yo kontinye konekte
ak nouvo zanmi fwi yo. Liv sa a genyen foto fwi, benefis fwi,
ak lòt enfòmasyon sou fwi yo.
www.fivemspublishing.com